Anda en bicicleta con cuidado

Ride Right

por/by Jill Urban Donahue   ilustrado por/illustrated by Bob Masheris

Un agradecimiento especial a nuestros asesores por su experiencia/
Special thanks to our advisers for their expertise:

Preston Tyree
Director de Educación Liga de Ciclistas Americanos/
Director of Education League of American Bicyclists

Terry Flaherty, PhD, Profesor de Inglés/Professor of English
Universidad del Estado de Minnesota, Mankato/Minnesota State University, Mankato

PICTURE WINDOW BOOKS
a capstone imprint

Editor: Jill Kalz
Translation Services: Strictly Spanish
Designer: Abbey Fitzgerald
Bilingual Book Designer: Eric Manske
Production Specialist: Sarah Bennett
Art Director: Nathan Gassman
Associate Managing Editor: Christianne Jones
The illustrations in this book were created digitally.

Picture Window Books
151 Good Counsel Drive
P.O. Box 669
Mankato, MN 56002-0669
877-845-8392
www.capstonepub.com

Library of Congress Cataloging-in-Publication Data
Donahue, Jill L. (Jill Lynn), 1967-
  [Ride right. Spanish and English]
  Anda en bicicleta con cuidado / por Jill Urban Donahue ;
ilustrado por Bob Masheris = Ride right : bicycle safety /
by Jill Urban Donahue ; illustrated by Bob Masheris.
  p. cm.—(Picture Window bilingüe, bilingual)
 (Cómo mantenernos seguros = How To Be Safe)
  Includes index.
  Summary: "Provides information on bicycle safety tips—in
both English and Spanish" —Provided by publisher.
  ISBN 978-1-4048-6885-4 (library binding)
  1. Cycling—Safety measures—Juvenile literature. 2. Bicycles—
Safety measures—Juvenile literature. I. Masheris, Robert, ill. II.
Title. III. Title: Ride right.
  GV1055.D66 2012
  796.60289—dc22
                                          2011001329

Printed in the United States of America in North Mankato, Minnesota.
032011   006110CGF11

Bicycle riding is fun! It's a great way to get around. It's good exercise, too. But you need to be careful so you don't get hurt. If you follow bike safety rules, you'll have a great time.

¡Andar en bicicleta es divertido! Es una buena manera de ir a todos lados. También es un buen ejercicio. Pero necesitas tener cuidado para no lastimarte. Si tú sigues las reglas de seguridad para andar en bicicleta, te divertirás muchísimo.

Ajay gets a new bike from his parents for his birthday. He can't wait to ride it. First, his dad tells him the rules of the road. Ajay listens carefully. He wants to be safe.

Safety Tip

Riders who are 10 years old or younger should ride only on the sidewalk.

Consejo de seguridad

Los niños de 10 años o menores que andan en bicicleta deben hacerlo solamente en la acera.

Ajay recibe una bicicleta nueva para su cumpleaños de sus papás. Él no puede esperar para usarla. Primero, su papá le explica las reglas de la calle. Ajay escucha atentamente. Él quiere permanecer seguro.

Ajay's sister gives him another birthday present. It's a new helmet! Ajay's sister says he should never ride a bike without a helmet. She helps Ajay put on the helmet and makes sure it fits well.

Safety Tip

Helmet straps should be snug under your chin. When you open your mouth wide, your helmet should move.

Consejo de seguridad

Las correas del casco deben quedar bien apretadas bajo tu mentón. Cuando tú abres tu boca bien grande, el casco se debe mover.

La hermana de Ajay le da otro regalo de cumpleaños. ¡Es un nuevo casco! La hermana de Ajay le dice que él nunca debe andar en bicicleta sin un casco. Ella ayuda a Ajay a colocarse el casco y asegurarse que le queda bien.

Next, Ajay's mom adjusts the bike for Ajay. She checks the seat height and the brakes. She also checks the reflectors on the front and back of Ajay's bike.

Luego, la mamá de Ajay ajusta la bicicleta para Ajay. Ella verifica la altura del asiento y los frenos. Ella también verifica los reflectores en la parte de adelante y de atrás de la bicicleta de Ajay.

Safety Tip

Seats should be adjusted so that both of your feet can easily reach the ground while you're sitting on the seat. The handlebars should be easy to reach, too.

Consejo de seguridad

Los asientos deben ajustarse a una altura de manera que los dos pies lleguen al piso mientras estés sentado en la bicicleta. También debes llegar fácilmente al manubrio.

Ajay's brother has one last gift. He gives Ajay a sporty shirt to wear while riding his bike. It has reflector stripes on the sleeves. The stripes reflect light and make Ajay easier to see.

El hermano de Ajay tiene un último regalo. Él le da a Ajay una camiseta deportiva para usar mientras anda en bicicleta. Tiene franjas reflectoras en las mangas. Las franjas reflejan la luz y hacen que Ajay sea fácil de ver.

Before Ajay takes a ride, his dad shows him the hand signals he should use. Ajay puts his left arm straight out before turning left.

Antes que Ajay salga de paseo, su papá le muestra las señales de manos que él debe usar. Ajay estira su brazo izquierdo hacia fuera antes de doblar a la izquierda.

He bends his left arm up before turning right.

Safety Tip

In some states, you can put your right arm straight out to show you are turning right.

Consejo de seguridad

En algunos estados, tú puedes estirar tu brazo derecho hacia fuera para mostrar que doblas a la derecha.

Él dobla su brazo izquierdo hacia arriba antes de doblar a la derecha.

13

Near the corner, Ajay bends his left arm at the elbow. His hand points down. This hand signal shows that Ajay is stopping.

14

Cerca de la esquina, Ajay flexiona su brazo izquierdo a la altura del codo. Su mano apunta hacia abajo. Esta señal muestra que Ajay se detendrá.

Ajay checks for traffic before he crosses the street.
He looks left, right, and left again.

Ajay mira si viene tráfico antes de cruzar la calle. Él mira hacia la izquierda, hacia la derecha y de nuevo hacia la izquierda.

Ajay and his dad stop for an ice-cream cone.
They lock up their bikes outside the shop.

Ajay y su papá se detienen a comer un helado.
Ellos aseguran con llave sus bicicletas fuera de la tienda.

19

When the sun starts to set, Ajay and his dad ride home.
Dad says it is not safe for kids to ride at night.

Safety Tip

Biking at night is always dangerous and should be avoided. Older riders who do bike at night should have a headlight and taillight on their bikes.

Consejo de seguridad

Andar en bicicleta de noche es siempre peligroso y debe evitarse. Los niños mayores que andan en bicicleta a la noche deben tener una luz delantera y una luz trasera en sus bicicletas.

Cuando el sol comienza a desaparecer, Ajay y su papá vuelven a su casa. Papá dice que no es seguro para los niños andar en bicicleta de noche.

A ball bounces out of a driveway, right in front of Ajay. He sees it and stops his bike in time.

Ajay avoids crashes. He pays attention to things going on around him.

Ajay is a safe and alert bicycle rider!

Una pelota rueda desde un camino de entrada, justo enfrente de Ajay. Él la ve y detiene su bicicleta a tiempo.

Ajay evita un accidente. Él presta atención a cosas que ocurren a su alrededor.

¡Ajay es un ciclista seguro y alerta!

23

Internet Sites

FactHound offers a safe, fun way to find Internet sites related to this book. All of the sites on FactHound have been researched by our staff.

Here's all you do:

Visit www.facthound.com

Type in this code: 9781404868854

Index

Sitios de Internet

FactHound brinda una forma segura y divertida de encontrar sitios de Internet relacionados con este libro. Todos los sitios en FactHound han sido investigados por nuestro personal.

Esto es todo lo que tienes que hacer:

Visita www.facthound.com

Ingresa este código: 9781404868854

Índice